BEI GRIN MACHT SICH IHR WISSEN BEZAHLT

- Wir veröffentlichen Ihre Hausarbeit, Bachelor- und Masterarbeit

- Ihr eigenes eBook und Buch - weltweit in allen wichtigen Shops

- Verdienen Sie an jedem Verkauf

Jetzt bei www.GRIN.com hochladen und kostenlos publizieren

Negative Andrologie in Lessings "Emilia Galotti"

Paola Briani

Bibliografische Information der Deutschen Nationalbibliothek:

Die Deutsche Nationalbibliothek verzeichnet diese Publikation in der Deutschen Nationalbibliografie; detaillierte bibliografische Daten sind im Internet über http://dnb.d-nb.de abrufbar.

ISBN: 9783346404404
Dieses Buch ist auch als E-Book erhältlich.

© GRIN Publishing GmbH
Nymphenburger Straße 86
80636 München

Druck und Bindung: Books on Demand GmbH, Norderstedt Germany
Gedruckt auf säurefreiem Papier aus verantwortungsvollen Quellen

Das Buch bei GRIN: https://www.grin.com/document/1012036

Fernuniversität in Hagen
Institut für Neuere deutsche Literaturwissenschaft und Medientheorie
Wintersemester 2018/19

BA Kulturwissenschaft (mit Schwerpunkt Geschichte)
Modul L 3 - Literarische Anthropologie

Negative Andrologie in Lessings *Emilia Galotti*

vorgelegt von:

Paola Briani

Abgegeben am:
15.02.2019

Inhaltsverzeichnis

1. Einleitung...3

2. Kucklick über die negative Andrologie...5
2.1 Von der stratifizierten zur funktional-differenzierten Gesellschaft 7
2.2 Interaktion und Gesellschaft...9
2.3 Die Idealisierung des weiblichen Geschlechts...............................9

3. Empfindsamkeit...11
3.1 Die Aufwertung der Gefühle in der Epoche der Empfindsamkeit.................11
3.2 Die Wirkung der Moralischen Wochenschriften an einer neuen Semantik
von Weiblichkeit..11

4. *Emilia Galotti*..12
4.1 Lessings Wirkungsabsicht im Theater..12
4.2 Prinz Hettore Gonzaga und Kammerherr Graf Marinelli...........................13
4.3 Odoardo 17
4.4 Emilia..19

5. Fazit...22

6. Literaturverzeichnis...23

1. Einleitung

Die vorliegende Hausarbeit will eine Antwort auf die Frage geben, ob und in welcher Form die zeitgenössische Geschlechtersemantik in Lessings *Emilia Galotti*[1] zum Ausdruck kommt. Richtungsweisend soll dabei die Arbeit des Soziologen und Kulturwissenschaftlers Christoph Kucklick beziehungsweise sein im Jahr 2008 erschienenes Buch *Das unmoralische Geschlecht*[2] sein. Im Kapitel 2 soll auf Kucklicks Untersuchung eingegangen werden. Der von den Genderforschern vertretenen Auffassung, die Aufklärer hätten im weiblichen Geschlecht das wesentlich schwächere Glied in einer vom Mann dominierten Gesellschaft gesehen, soll Kucklicks These entgegengestellt werden. Kucklick begründet nämlich in seinem Buch, dass ein Diskurs über eine schlechte Männlichkeit bereits ab 1750 existierte und dass dieser mit strukturellen gesellschaftlichen Veränderungen zusammenhing. Kapitel 2.1 befasst sich mit dem Übergang von einer stratifizierten zu einer funktional differenzierten Gesellschaft, denn dieser war der Ausdruck der sozialen und kulturellen Moderne. Hier soll Kucklicks methodischer Ansatz zu Wort kommen, denn er richtet in seiner Untersuchung den Fokus auf die Gesellschaftstheorie beziehungsweise auf die Semantik im Gegensatz zum machtanalytischen Ansatz der Genderforscher. In Anlehnung an Nicklas Luhmanns Systemtheorie, der eine Interdependenz zwischen Gesellschaftsstruktur und Semantik sieht, soll die Entstehung der Funktionssysteme erläutert werden. Ausgehend von einer Heterarchie der modernen Geschlechtsverhältnisse[3] soll im Kapitel 2.2 auf die strukturelle Verknüpfung zwischen Geschlecht und moderner Gesellschaft sowie auf die Unterscheidung zwischen Gesellschaft und Interaktion eingegangen werden. Kucklicks These „Geschlecht wird zu Beginn der Moderne in die Differenz von Interaktion und Gesellschaft eingebaut [...]"[4] soll als Ausgangspunkt dienen, um die Bedeutung von Interaktion als zwischenmenschlicher Kommunikation innerhalb des privaten familiären Raums und Gesellschaft als jegliche Kommunikation außerhalb des Hauses zu erläutern. Die Reaktion der Geschlechtersemantik um 1800 auf die strukturelle Veränderung der Gesellschaft

---

[1] Gotthold Ephraim Lessing: Emilia Galotti. Ein Trauerspiel in fünf Aufzügen. Stuttgart: Reclam 2014 (Studienausgabe).
[2] Christoph Kucklick: Das unmoralische Geschlecht. Zur Geburt der Negativen Andrologie. 2. Auflage. Frankfurt am Main: Suhrkamp 2015.
[3] Vgl. ebd., S. 216.
[4] Ebd., S. 211.

führte zur Idealisierung von Weiblichkeit, die im Kapitel 2.3 Raum finden soll. In diesem Kapitel wird erläutert, dass Männlichkeit für die Zeitgenossen das Problematische verkörperte und dass ihnen die Moderne das positive Bild der Frau entgegensetzte. Damit ging die Entstehung der bürgerlichen Kleinfamilie ein, die das Konzept des „ganzen Hauses" ablöste. Die Frau und mit ihr die neue bürgerliche Kleinfamilie wurde mit den positiven Eigenschaften der Liebe, der wahren Sozialität und der Gefühle konnotiert. Da diese neue Gefühlsgemeinschaft entscheidend von der Mentalität der Empfindsamkeit geprägt wurde, soll im Kapitel 3 die Epoche der Empfindsamkeit als Epoche der Aufwertung der Gefühle Raum finden. Anhand der neuen Gattung der Moralischen Wochenschriften zeigt sich sehr gut, wie die geistig-sozialen Defizite der Frau nicht mehr mit mangelnder Bildung begründet, sondern weitgehend über die Emotionalität definiert wurden.

Der vierte Teil der Arbeit befasst sich mit dem bürgerlichen Trauerspiel *Emilia Galotti*. Im Kapitel 4.1 wird Lessings Wirkungsabsicht im Theater kurz erläutert. Weiter soll im Kapitel 4.2 jeweils an der Figur des Prinzen Hettore Gonzaga und des Kammerherrn Grafen Marinelli, das, was im ersten Teil dieser Arbeit unter negativer Andrologie erläutert wurde, überprüft werden. Hier soll der Text selbst zu Wort kommen. Darin lässt Lessing die zeitgenössischen Bilder und Vorstellungen einfließen, die dem Zeitgeist entsprechen. Erst dann lassen sich die Charakterzüge dieser zwei Figuren abbilden. Damit geht zugleich Lessings Kritik an der modernen Gesellschaft einher, die hier die adlige Sphäre mit ihren Lastern und ihrer Wertlosigkeit verkörpert.

Durch die Darstellung der Familie Galotti stellt Lessing der höfischen Welt die bürgerliche Sphäre entgegen.[5] Im Kapitel 4.3 und 4.4 soll jeweils auf die Figur des Vaters Odoardo und auf die der Tochter Emilia als zentrale Figuren dieses bürgerlichen Trauerspiels eingegangen werden.

Obgleich Odoardo nicht der höfischen Welt zuzuordnen ist, fließen in diese Figur semantische Elemente mit ein, welche einer negativen Andrologie zuzuordnen

---

[5] In vielen Schriften des 18. Jahrhunderts werden das gehobene Bürgertum und der Landadel, zu dem die Familie Galotti gehört, als eine gesinnungsmäßig relativ einheitliche Gruppe betrachtet. Vgl. Gerlinde Anna Wosgien: Literarische Frauenbilder von Lessing bis zum Sturm und Drang. Ihre Entwicklung unter dem Einfluss Rousseaus. Frankfurt am Main: Lang 1999 (=Münchener Studien zur literarischen Kultur in Deutschland, Bd. 30), S. 29. Pikulik verweist hingegen auf den gewaltigen Standesunterschied, der beide im 18. Jahrhundert trennte. Im bürgerlichen Trauerspiel steht *bürgerlich* jedoch in der Bedeutung von *allgemein-menschlich*, in dessen Mittelpunkt der ganze Mensch steht. Es ging dabei nicht um die soziale Klasse, sondern um die sozialen Räume: das Öffentliche und das Private. Vgl. Lothar Pikulik: „Bürgerliches Trauerspiel und Empfindsamkeit". Köln: Böhlau 1966, S. 7ff, 171ff.

sind und angesprochen werden sollen. Odoardo erweist sich wie Prinz Marinelli als gemischter Charakter. Auch dies soll am Text belegt werden. Lessing drückt durch das Problematische an dieser Figur das aus, was in der bürgerlichen Kleinfamilie noch nicht funktioniert.

Emilia als Tochter Odoardos steht im Mittelpunkt dieses bürgerlichen Trauerspiels. Lange wurde diese Figur als „Opfer" im Sinne von „victima" gedeutet, welches in der Vorstellung der Genderforscher für die Unterlegenheit des weiblichen Wesens gegenüber dem Mann im 18. Jahrhundert stand.

Kucklick belegt hingegen mit seiner Studie, dass die Moderne einer schlechten Männlichkeit ein positives Bild der Frau entgegenstellte. Vor diesem Hintergrund soll Emilia als weibliche Figur in diesem Bühnenstück eine neue Dimension erhalten, die es hier ans Licht zu bringen gilt. Zentral ist dabei die Bedeutung des Begriffs *Opfer*[6], welcher anhand entsprechender religionsgeschichtlicher und altertumswissenschaftlicher Nachschlagewerke in seiner Grundbedeutung näher zu betrachten ist. Unter diesem Begriff werden im deutschen Sprachgebrauch *victima* sowie *sacrificium* verstanden. So sollen beide in Bezug auf Emilia überprüft werden. Mit ihrem Leiden zeigt sich Emilia also als *victima*, ein wehrloses Opfer der Macht. Erst mit ihrem Tod schreitet sie zum Opfer im Sinne von *sacrificium*, wodurch das wehrlose Opfer zur Macht gelangt. Als *sacrificium* erfährt Emilia ein zweites Leben, in dem ihre Weiblichkeit wiederauferstanden ist und in dem sie wie eine Märtyrerin idealisiert wird. Hierzu soll auch Girards Auffassung über die Bedeutung des Sündenbocks zu Rate gezogen werden, um Lessings Absicht besser zu verstehen.

Im Fazit des Kapitels 5 wird versucht, anhand der Ergebnisse die einleitende Fragestellung zu beantworten.

2.   Kucklick über die negative Andrologie

Die Genderforschung erforscht die historische Entwicklung des Verhältnisses von Männern und Frauen, die gesellschaftlichen Rollenzuweisungen sowie gegenseitigen Zuschreibungen. Nach den Genderforschern haben die Aufklärer das weibliche Geschlecht als wesentlich schwächeres Glied in einer vom Mann

---

[6] Vom Lateinischen *offere* (darbieten). Vgl. Christof Gestrich: Opfer. In: Handwörterbuch für Theologie und Religionswissenschaft. Religion in Geschichte und Gegenwart. Religionsphilosophisch (Bd. 6 N-Q). Hrsg. von Hans D. Betz u.a. 4., völlig neu bearbeitete Auflage. Tübingen: Mohr 2003, S. 583-585, hier S. 584.

dominierten, also hierarchischen Gesellschaft begriffen: ein minderwertiges Wesen, eine einfältige, emotionale „Schwundform des Menschlichen"[7] ohne Vernunft. Sein Pendant, der Mann, wurde hingegen zum „Inbegriff der Menschheit"[8], zum Patriarch, zum überlegenen Geschlecht erhoben: rational, autonom, intellektuell und sittlich. So kommen die Gender Studies zu dem Ergebnis, dass die Aufklärer den Mann mit der Vernunft und der Kultur, die Frau hingegen mit der Natur identifiziert hätten. Ihrer Meinung nach festigte und baute sich diese Ansicht zwischen 1750 und 1850 weiter aus.[9]

Die Genderwissenschaftler sind sich somit einig: Die moderne Gesellschaft war eine misogyne Gesellschaft mit einer festgelegten Hierarchie und Rollenzuweisung. Die Frau gehörte zur häuslichen Sphäre, hier war der Mann wie in der Öffentlichkeit Inhaber der Macht. Die Männer hatten sich seit der Aufklärung als perfekte Wesen betrachtet, um sich die Macht über die als minderwertiges Wesen begriffene Frau zu sichern.

Die Geschlechterrollenproblematik in der einsetzenden gesellschaftlichen Moderne um 1770 wird vom Soziologen und Kulturwissenschaftler Christoph Kucklick in seinem Buch aus dem Jahr 2008 *Das unmoralische Geschlecht. Zur Geburt einer negativen Andrologie* untersucht.

Kucklick zieht dabei das gleiche Quellenmaterial wie die Genderforscher heran und kommt zu einem anderen Ergebnis.[10] Er belegt, dass im Gegensatz zu der Position der Gender Studies bereits ab 1750 ein Diskurs über eine schlechte Männlichkeit existierte.[11] Im Zentrum des modernen Geschlechterdiskurses stand laut Kucklick der Mann, der nicht als perfektes Wesen, sondern als egoistisch, gefühlskalt, gewalttätig, kommunikationsunfähig und asozial definiert wurde.[12] Kucklick belegt mit seiner Untersuchung, dass die menschliche Natur mit dem Übergang von der Stände- zur funktional differenzierten Gesellschaft neu verhandelt wurde.

Während die Natur der Prämoderne als inhalts- und zielbestimmt galt, wird die Natur der Moderne durch Unbestimmtheit und Selbstbezug definiert. Damit ging im 18. Jahrhundert eine Umdeutung der Natur des Mannes einher, die als negativ

---

[7] Kucklick: Das unmoralische Geschlecht, S. 14.
[8] Ebd.
[9] Vgl. ebd.
[10] Vgl. ebd., S. 15.
[11] Vgl. ebd., S. 12, 19ff.
[12] Vgl. ebd., S. 12.

und somit problematisch für die Gesellschaft empfunden wurde.[13] So schreibt Kucklick: „Die unbestimmte menschliche Natur wurde im Laufe des späten 18. Jahrhunderts zur Natur des Mannes, und nicht der Frau".[14] Es folgte, dass das Problematische an der Moderne ursächlich in dem Wesen des Mannes verortet wurde.[15] Vor diesem Hintergrund setzte die Moderne dem negativen Bild des Mannes ein positives Bild der Frau entgegen, auf das ich in ausführlicher Weise im Unterkapitel 2.3 eingehen werde. Die Frau wird idealisiert, ihr wird moralische Überlegenheit bescheinigt, sie wird mit Vernunft, wahrer Menschlichkeit identifiziert und kann dank ihren positiv konnotierten Eigenschaften den verderbten wilden Mann zum besseren Menschen erziehen.[16]

2.1 Von der stratifizierten zur funktional-differenzierten Gesellschaft

Kucklicks Untersuchung unterscheidet sich von dem genderwissenschaftlichen machtanalytischen Ansatz in seinem methodischen Ansatz. Mit dieser Verfahrensweise verzichtet Kucklick darauf, die Hierarchie der Geschlechter als zentralen Punkt im Diskurs der Geschlechterwissenschaften zu erachten. Er negiert nicht, dass es Machtstrukturen und Hierarchien gegeben hat, er legt jedoch seinen Fokus auf die Gesellschaftstheorie und die Semantik und nicht auf die Machtanalytik.[17] Mit der Geschlechtersemantik rücken in den Mittelpunkt der Untersuchung die erfahrene Wirklichkeit, die allgemeine Wahrnehmung der Zeitgenossen, die Bilder, die Zuschreibungen und Vorstellungen, welche mit Mann und Frau ab 1750 verbunden wurden.[18] Dabei geht Kucklick insbesondere auf die Semantik des Männlichen ein und befasst sich mit den eher bedrohlichen Facetten, die mit Männlichkeit verbunden wurden. Daraus entsteht der Begriff der *negativen Andrologie*.[19] Kucklicks Untersuchung lehnt sich an die soziologische Systemtheorie von Niklas Luhmann an. Der Soziologe Luhmann sieht eine Interdependenz zwischen dem Strukturwandel der Gesellschaft und dem der Semantik.[20]

---

[13] Vgl. ebd., S. 29, 68.
[14] Ebd., S. 68.
[15] „Das Unbehagen an der Moderne wird zum Unbehagen am Mann, und umgekehrt". Ebd., S. 13.
[16] Vgl. ebd., S. 84.
[17] Vgl. ebd., S. 25.
[18] Vgl. ebd., S. 26.
[19] Vgl. ebd., S. 26ff. (Hervorhebung von mir; P.B.).
[20] Vgl. ebd., S. 27ff.

Die Gesellschaft der Vormoderne war eine stratifikatorisch differenzierte Gesellschaft, in der das Individuum einen bereits festgelegten Platz innerhalb einer hierarchisch organisierten Gesellschaft hatte.[21] Der Wandel der Gesellschaft von einer stratifizierten zu einer funktional differenzierten Gesellschaft setzte ab 1750 an. Mit dem Zerbröckeln der hierarchisch strukturierten Geschlechterordnung und der Entstehung der Arbeitsteilung entstand die Moderne. Die moderne Gesellschaft war von Teilbereichen wie Wirtschaft, Religion, Politik, Wissenschaft gekennzeichnet. Es handelt sich dabei um Funktionssysteme, die unterschiedliche Anforderungen zu erfüllen haben und autonom agieren. Sie stellen eigene Regeln auf und sind nicht von anderen Funktionssystemen abhängig.[22] Die Funktionssysteme greifen auf nur einen Teil des Individuums zu. Im Teilsystem der Politik handelt das Individuum beispielsweise als Politiker und nicht als ganzer Mensch, es handelt und denkt hier nur in dieser Kategorie.[23] Der Mann war also Funktionsträger der Funktionssysteme. Männlichkeit verkörperte einerseits Effizienz und Leistungsfähigkeit, andererseits wurde sie mit bedrohlichen Aspekten wie Rationalität, Differenzierung und Fragmentierung in Verbindung gebracht.[24] Die Moderne wurde aufgrund ihrer heterarchischen Struktur zum unüberschaubaren und komplexen Gebilde, in dem der Mann als „Täter"[25] und „Opfer"[26] empfunden wurde. Ausgehend von einer Heterarchie der modernen Geschlechtsverhältnisse stellt Kucklick eine strukturelle Verknüpfung zwischen Geschlecht und moderner Gesellschaft fest.[27] Entgegen der Auffassung der Gender Studies, die Aufklärer hätten um 1800 den Mann als Inhaber der Kultur und die Frau als Inhaber der Natur betrachtet, wurden nach Kucklick dem männlichen beziehungsweise dem weiblichen Geschlecht im Diskurs über die Geschlechter verschiedene Naturen und unterschiedliche Kulturen zugesprochen. Der zunehmend in die arbeitsteilig-differenzierte Welt eingebundene Mann besaß die Natur und die Kultur der Moderne. Damit verkörperte er unter anderem die „unheimlichere", „instabilere" und „gefährlichere"[28] Natur der Moderne, während die Frau mit einer „solidere[n],

---

[21] Vgl. ebd., S. 66.
[22] Vgl. ebd., S. 212.
[23] Vgl. ebd., S. 66ff.
[24] Vgl. ebd., S. 12.
[25] Ebd., S. 17.
[26] Ebd.
[27] Vgl. ebd., S. 216.
[28] Ebd., S. 91.

stabilere[n], vertrautere[n]"[29] Natur ausgestattet wurde. Die Zeitgenossen waren davon überzeugt, dass die weiblichen Eigenschaften der Frau angeboren waren, dass sie diese von Natur her besaß. Entsprechend galt der Mann nicht mehr als Garant der Werte und Stifter der Ordnung, sondern das weibliche Geschlecht.[30] Vor diesem Hintergrund driftete das, was in der archaischen und segmentären Gesellschaft als deckungsgleich galt, nun auseinander: Interaktion und Gesellschaft.

2.2 Interaktion und Gesellschaft

Kucklick schreibt: „Geschlecht wird zu Beginn der Moderne in die Differenz von Interaktion und Gesellschaft eingebaut, die im 18. Jahrhundert als gesellschaftliches Strukturmerkmal wahrgenommen und semantisch bewältigt wird".[31] Mit der Entstehung der funktional differenzierten Gesellschaft wird also eine deutliche Unterscheidung zwischen Interaktion und Gesellschaft operiert. Das Geschlecht symbolisiert in der Moderne die Differenz zwischen Interaktion und Gesellschaft.[32] Die Frau verkörpert die Interaktion, der Mann die Gesellschaft.[33] Interaktion findet in Geselligkeit wie in Salons und in der Familie statt, sie steht für direkten zwischenmenschlichen Kontakt, sie findet dort statt, wo sich Anwesende gegenseitig wahrnehmen und aufeinander Rücksicht nehmen.[34] Gesellschaft definiert die Systemtheorie als das umfassende System aller Kommunikationen „[...] die ohne Anwesenheit auskommen"[35], also alle Funktionssysteme.

2.3 Die Idealisierung des weiblichen Geschlechts

Die Reaktion der Geschlechtersemantik um 1800 auf die strukturelle Veränderung der Gesellschaft führte zugleich zur Idealisierung von Weiblichkeit.[36]
Gesellschaft bedeutete Öffentlichkeit, in der der Mann in Organisationen, Betrieben und Institutionen zum aktiven Funktionsträger wurde. Gesellschaft verlangte seinen Akteuren einen hohen Preis ab: Verstellung, Einseitigkeit,

---

[29] Ebd., S. 92.
[30] Vgl. ebd.
[31] Ebd., S. 211.
[32] Vgl. ebd.
[33] Vgl. ebd., S. 216.
[34] Vgl. ebd., S. 217.
[35] Ebd., S. 218.
[36] Vgl. ebd., S. 88.

Entfremdung. Der Mann erfuhr in der modernen Gesellschaft soziale Kälte und konnte nicht mehr authentisch sein. Identitätskrisen und Rollenkonflikte belegen in zahlreichen literarischen Werken dieser Zeit den kritischen Zustand des modernen Individuums. Männlichkeit verkörperte für die Zeitgenossen das Schlechte, das Problematische, so wurde das, was in der Gesellschaft als negativ erfahren wurde, als naturales Defizit des männlichen Geschlechtes erachtet.[37] Prägnant drückt Kucklick diesen Umstand in seinem Buch mit den Worten aus: „In Männern fixiert die Moderne ihre Ressentiments gegen sich selbst"[38].

Dem negativen Bild von Männlichkeit setzte die Moderne das positive Bild der Frau entgegen. Ihr gehörte nun die Sphäre der Interaktion, der zwischenmenschlichen Kommunikation und gegenseitigen Wahrnehmung. Dort, wo der Mann als selbstbezogenes Wesen betrachtet wurde, wurde die Frau mit Fremdreferenz ausgestattet. So Kucklick: „Die Frau lebt, ganz buchstäblich, in anderen und für andere"[39]. Neben ihrer fremdreferenziellen Natur wurde sie auch mit Selbstliebe imaginiert, die sie ebenfalls von Natur her in sich trug.[40]

Die Frau wurde zum Hauptakteur von Geselligkeit in Salons und, noch wichtiger, in der Familie. Der familiäre Raum, um den hier geht, ist die bürgerliche Kleinfamilie, die das Konzept der Familie als „ganzes Haus" ablöste. Die Kleinfamilie war eine Gefühlsgemeinschaft, sie wurde entscheidend von der Mentalität der Empfindsamkeit geprägt. Sie war der Ort, an dem wahre Sozialität und Gefühle erfahren wurden. Sie war ein von der fremdreferenziellen Frau gepflegter intimer Raum. Hier an diesem Ort konnte der Mann, fern von den Funktionssystemen, von der Gesellschaft, seine Menschlichkeit und wahre Sozialität wieder erfahren. An diesem Ort, an dem sich Interaktion als Geselligkeit, als direkter zwischenmenschlicher Kontakt abspielte, an dem sich Anwesende gegenseitig wahrnahmen, konnte der Mann sich wieder als Mensch adressiert fühlen.[41] Auf diesem Weg wurde Interaktion zum Symbol des weiblichen Geschlechts.[42] Sie bot dem Mann den Ausgleich zur Öffentlichkeit beziehungsweise zur Gesellschaft an, in der dieser sich orientierungslos,

---

[37] Vgl. ebd., S. 11.
[38] Ebd., S. 13.
[39] Ebd., S. 88.
[40] Vgl. ebd., S. 89ff.
[41] Vgl. ebd., S. 217.
[42] Vgl. ebd., S. 89, 219.

dezentriert, desorientiert und verloren fühlte.[43] Interaktion wurde somit zu einem besonderen Ort, an dem die „[...] Zumutungen der Gesellschaft neutralisiert wurden"[44].

3. Empfindsamkeit

3.1 Die Aufwertung der Gefühle in der Epoche der Empfindsamkeit

Die Epoche der Empfindsamkeit erwuchs aus zwei wesentlichen Aspekten: zum einen aus Reaktion auf die Vorherrschaft der Vernunft in der Aufklärung. Dennoch ist sie eher als Ergänzung der Aufklärung und nicht als Gegenbewegung zu verstehen, denn sie stellte inhaltlich den vernünftigen sowie rationalen Ansätzen der Aufklärung das Sentimentale und das Empfindsame zur Seite. Zum anderen erwuchs sie aus der pietistischen Erfahrung, die einen persönlichen und gefühlsbetonten Zugang zum Religiösen gegenüber dem Dogmatismus der Kirche pflegte.[45]

Folglich standen für die Anhänger der empfindsamen Strömung das „Herz", die Betrachtung der eigenen Empfindungen und demnach der Blick auf das Innere an oberster Stelle.[46] Zentrale Motive der Empfindsamkeit waren das Entdecken und Erleben der Natur, die Freundschaft, das Beobachten seelischer Regungen und die Ergriffenheit in Bezug auf Tugend, Anmut oder auch Freundschaft. Charakteristisch ist außerdem die Betonung auf das Privatleben, das im Gegensatz zur Öffentlichkeit im Absolutismus steht.[47]

3.2 Die Wirkung der Moralischen Wochenschriften an einer neuen Semantik von Weiblichkeit

Wichtiger Bestandteil der Moralischen Wochenschriften war die Vermittlung einer Lebensweise im Zeichen der bürgerlichen Tugend im Gegensatz zu der scharf kritisierten, als lasterhaft empfundenen höfischen Lebensweise. Die früheren Moralischen Wochenschriften bezeichneten die Vernunft und den

---

[43] Vgl. ebd., S. 17.
[44] Ebd., S. 219.
[45] Vgl. Gerhard Kaiser: Aufklärung Empfindsamkeit Sturm und Drang. Mit einer Vorrede: Der Germanist in eigener Sache. Tübingen und Basel: Narr Francke Attempto, 6. erweiterte Auflage 2007 (erstmals 1976), S. 30, 33ff. Vgl. auch Monika Fick: Lessing Handbuch. Leben – Werk – Wirkung. 4. aktualisierte und erweiterte Auflage. Stuttgart: Metzler 2016, S. 53ff.
[46] Vgl. ebd. S. 54.
[47] Vgl. Kaiser: Aufklärung Empfindsamkeit Sturm und Drang, S. 36.

Verstand als bürgerliche Tugenden und betonten die Bedeutung von Eigenschaften wie Sparsamkeit, Fleiß, Ordnung und Aufrichtigkeit.[48]

Brandes hat zwei deutsche Moralische Wochenschriften untersucht und gezeigt, wie sich die Forderungen gegenüber der Frau innerhalb eines Vierteljahrhunderts veränderten. In den „Discoursen der Mahlern" (1721) findet man noch die Forderung nach einer besseren Erziehung beziehungsweise Ausbildung zugunsten der aufgeklärten Frau. In dieser Hinsicht erschien sie noch zu dieser Zeit dem Mann auch im rationalen Bereich ebenbürtig. Die 25 Jahre später erschienene Wochenschrift „Mahler der Sitten" (1746) verbreitete hingegen ein Bild von zwischen Mann und Frau herrschenden „naturbedingten, unveränderlichen, genuss-spezifischen und psychisch-mentalen Dispositionsunterschieden"[49].[50] Damit wird klar, dass die geistig-sozialen Defizite der Frau schrittweise nicht mehr mit einer mangelnden Bildung begründet, sondern weitgehend über die Emotionalität definiert wurden.[51]

4. *Emilia Galotti*

4.1 Lessings Wirkungsabsicht im Theater

Nachdem die Grundsätze der Aufklärung auch in Deutschland Einzug gehalten hatten, traten viele geistesgeschichtliche Größen für den Primat der Vernunft ein. Einer der wichtigsten Theaterdichter und Theoretiker der Aufklärungszeit war der deutsche Pastorensohn Gotthold Ephraim Lessing. Das bürgerliche Trauerspiel trägt seine Programmatik und seine neuen Merkmale schon im Namen. *Bürgerlich* steht hier mit der Bedeutung von *allgemein-menschlich*, in dessen Mittelpunkt der ganze Mensch abgesehen von seinem sozialen Rang steht. Für das 18.

---

[48] Vgl. Wosgien: Literarische Frauenbilder von Lessing bis zum Sturm und Drang, S. 29, 40; vgl. auch Helga Brandes: Der Wandel des Frauenbildes in den deutschen Moralischen Wochenschriften. Vom aufgeklärten Frauenzimmer zur schönen Weiblichkeit. In: Zwischen Aufklärung und Restauration. Sozialer Wandel in der deutschen Literatur (1700-1848). Festschrift für Wolfgang Martens zum 65. Geburtstag. Unter Mitwirkung von Ernst Fischer und Klaus Heydemann. Hrsg. von Wolfgang Frühwald / Alberto Martino. Tübingen: Niemeyer 1989 (= Studien und Texte zur Sozialgeschichte der Literatur, Bd. 24), S. 56.

[49] Christiane Brokmann-Nooren: Weibliche Bildung im 18. Jahrhundert. „Gelehrte Frauenzimmer" und „gefällige Gattin". Bibliothek und Informationssystem der Carl von Ossietzky Universität: Oldenburg 1994 (=Beiträge zur Sozialgeschichte der Erziehung, Bd. 2), S. 112.

[50] Vgl. Brandes: Der Wandel des Frauenbildes in den deutschen Moralischen Wochenschriften, S. 58. Vgl. auch Brokmann-Nooren: Weibliche Bildung im 18. Jahrhundert, S. 112 und Wosgien: Literarische Frauenbilder von Lessing bis zum Sturm und Drang, S. 15.

[51] Vgl. Brokmann-Nooren: Weibliche Bildung im 18. Jahrhundert, S. 112 sowie Brandes: Der Wandel des Frauenbildes in den deutschen Moralischen Wochenschriften, S. 56.

Jahrhundert, als Lessing diese Form der Tragödie in Deutschland etablierte, war dies ein neuer Ansatz.[52]

„Der mitleidigste Mensch ist der beste Mensch"[53] schreibt Lessing. Also, wer uns mitleidig macht, macht uns besser, tugendhafter. Lessing versteht das Theater als Schule der moralischen Welt und damit meint er die moralische Besserung eines jeden Menschen: die Reinigung (Katharsis) der tragischen Leidenschaften und deren Verwandlung in tugendhafte Fähigkeiten. Lessings Charaktere sind daher meist Figuren, die Charaktereigenschaften von realen und ganzen Menschen widerspiegeln, und in diesem Sinne *bürgerlich* sind. Es treten meist individuelle gemischte Figuren auf, die vor allem von ihrer Psychologie her begriffen werden.[54]

Das Bühnenstück *Emilia Galotti* wurde am 13. März 1772 im Herzoglichen Opernhaus in Braunschweig uraufgeführt. Lessing wandelt in Emilia Galotti die römische Legende um Virginia um und adaptiert den antiken Stoff für die beginnende Moderne.[55]

4.2 Prinz Hettore Gonzaga und Kammerherr Graf Marinelli

Der erste Aufzug öffnet sich mit dem Prinzen Hettore Gonzaga, der an seinem Schreibtisch sitzt und sich mit Bittschriften beschäftigt. Seine Worte unter anderem: „Eine Emilia? – Aber eine Emilia Bruneschi – nicht Galotti. Nicht | Emilia Galotti! – Was will sie, diese Emilia Bruneschi? *(er lieset)* Viel gefordert; sehr viel. – Doch sie [die Antragstellerin; P.B.] heißt Emilia"[56]. Dann folgt: „Gewährt!"[57] Allein der Name seiner Angebeteten Emilia auf einer Bittschrift erfüllt den Prinzen mit Begierde. Der Prinz schwankt gleich in seinen Gefühlen, seine Urteilsfähigkeit ist eingeschränkt. Er ist sogar bereit, ein Todesurteil „recht gern"[58] zu unterzeichnen. Gleich danach ist zu lesen: „– Ich kann doch nicht mehr arbeiten. – Ich war so ruhig, bild' ich mir ein, so ruhig – Auf einmal muß eine arme Bruneschi, Emilia heißen: – weg ist meine Ruhe, und alles! – "[59]. Der Prinz geht seinen Staatsgeschäften ohne Verantwortung nach. Er lässt seine Laune über

---

[52] Vgl. Pikulik: „Bürgerliches Trauerspiel und Empfindsamkeit", S. 7ff, 17ff.
[53] Ebd., S. 111.
[54] Vgl. Fick: Lessing Handbuch, S. 292.
[55] Vgl. ebd., S. 346.
[56] Lessing: Emilia Galotti, 1. Aufz., 1. Auftr., S. 7.
[57] Ebd.
[58] Ebd., 1. Aufz., 8. Auftr., S. 24.
[59] Ebd., 1. Aufz., 1. Auftr., S. 7.

Dies und Jenes entscheiden, Urteile und Entschlüsse fassen. Aufschlussreich sind auch die an die weiblichen Figuren gerichteten Worte, die er zu lieben behauptet. So wendet sich der Maler Conti an den Prinzen mit den Worten: „Ich bringe das Porträt [der Gräfin Orsina; P.B.], welches Sie mir befohlen haben, gnädiger Herr". Darauf antwortet der Prinz: „Jenes ist? – Kann ich mich doch kaum erinnern – „[60]. Als der Prinz anderweitig zu schwärmen beginnt, wird er zu seiner Mätresse, der Gräfin Orsina, kalt und gleichgültig. Als sein Kammerherr Marinelli ihn auf einen Brief der Gräfin hinweist, lesen wir in der Regieanweisung *„(bitter, indem er den Brief in die Hand nimmt)* [...] *(und ihn wieder wegwirft.)"*[61]. So spricht er über die Gräfin als wäre sie ein Objekt, welches nicht mehr gebraucht wird und welches er einfach ablegen möchte. So sagt der Prinz im ersten Aufzug: „[...] – Nun ja; ich [Prinz; P.B.] habe sie [Orsina; P.B.] zu lieben geglaubt! Was glaubt man nicht alles?"[62]. Der Prinz kann nicht sagen, ob er Orsina je geliebt hat, jedoch gewiss nicht mehr in der Gegenwart.[63]

Wenn der Prinz über Emilia redet, dann nur in Bezug auf ihre Schönheit. So drückt er sich gegenüber dem Maler Conti, der ihm neben dem Porträt der Gräfin Orsina unerwartet das von Emilia gebracht hat, wie folgt aus: „[...] auch läßt man das [Emilias Porträt; P.B.] nicht aufhängen; sondern hat es gern bey der Hand"[64]. Und weiter: „– Ah! schönes Werk der Kunst, ist es wahr, daß ich dich besitze?"[65] Der Prinz nimmt sich, was er will, ohne Rücksicht auf andere. Indem er das Porträt der schönen Emilia kauft, glaubt er, sie beinahe in seinen Besitz genommen zu haben. Der absolutistische Herrscher und Adliger pflegt seine Beziehungen zu Frauen flüchtig und egoistisch. Sein Interesse für Frauen ist rein sexueller Art. So verkörpert der Prinz den in der Aristokratie üblich egoistischen und oberflächigen Verführer und Libertans. Dennoch, obwohl der Prinz Merkmale einer traditionellen Adelskultur in sich trägt, tritt er als gemischter Charakter auf, in dem sich zugleich menschlich-empfindsame Züge zeigen. Die Liebesideale des Prinzen sind der Binnenströmung der Empfindsamkeit zuzuordnen, jedoch in ihrer problematischen Variante des Schwärmetums. Er ist kein reiner Egoist,

---

[60] Ebd., 1. Aufz., 3. Auftr., S. 9.
[61] Ebd., 1. Aufz., 2. Auftr., S. 8.
[62] Ebd.
[63] Vgl. ebd., 1. Aufz., 4. Auftr., S. 12.
[64] Ebd., 1. Aufz., 5. Auftr., S. 15.
[65] Ebd.

sondern er zeigt sehr wohl auch anderen Menschen seine Wertschätzung. Wir hören noch mehr in dieser Hinsicht:

> Stumm und niedergeschlagen und zitternd stand sie [Emilia; P.B.] da; wie eine Verbrecherinn, die ihr Todesurtheil höret. Ihre Angst steckte mich [den Prinzen; P.B.] an, ich zitterte mit und schloß mit einer Bitte um Vergebung. Kaum getrau' ich mir, sie wieder anzureden.[66]

Daraus erfahren wir einen Prinzen als mitleidigen Menschen, der auch mit dem Herzen fühlt. Als er Emilia in der Kirche anspricht, empfindet er Mitleid mit ihr und hinterfragt sich selbst. Er gesteht sich einen Fehler ein und schämt sich dafür. Der Prinz kann ebenfalls nicht grundsätzlich als unmoralisch beurteilt werden. Er ist nicht der Hauptintrigant, er ist fast ohne eigenes Verschulden in die Intrige, die Appianis Tod zu Folge hat, verwickelt worden.[67] Zusammenfassend ist der Prinz, wie in der Aristokratie üblich, launisch, egoistisch und überheblich. Seine Beziehungen zu Frauen sind von Flüchtigkeit gekennzeichnet. Seine Willkürherrschaft lässt ihn bewusst oder unbewusst seine Macht und seine Position zu seinem Vorteil missbrauchen. Damit jedoch diese Bühnenfigur im Lessischen Sinne bei dem Zuschauer Katharsis auslösen konnte, also, der Zuschauer mit ihr mitleiden und sich so mit ihr identifizieren konnte, zeigt der Prinz auch einige gute Eigenschaften. Er ist ergriffen, fühlt mit anderen Menschen mit, zeigt menschliche Schwächen bis zur Hilflosigkeit. Anzumerken ist dennoch, dass die unguten Eigenschaften bei diesem Charakter stark überwiegen. Der Prinz als Vertreter der höfischen korrupten Lebensweise spiegelt somit die schlechte Männlichkeit, also die negative Andrologie, wider. Anhand dieses in der literarischen Hofkritik längst etablierten Topos denunziert Lessing die eher schwierigen Aspekte, die im Unterkapitel 2.2 unter dem Begriff *Gesellschaft* ausführlich dargelegt wurden: die aus Teilsystemen bestehende moderne Gesellschaft, die den modernen Mann zur Einseitigkeit, Verstellung und Entfremdung zwingt, also, die kritischen Züge eines verlorenen, desorientierten, dezentrierten modernen Mannes.

Marinelli ist der Kammerherr des Prinzen. Aufschlussreiche Zeilen im Text setzen das semantische Kapital frei, mit dem Lessing diese Figur ausgestattet hat. So drückt sich der Kammerherr Marinelli in Bezug auf Frauen aus: „Waaren, die man aus der ersten Hand nicht haben kann, kauft man aus der zweyten [...]"[68].

---

[66] Ebd., 3. Aufz., 3. Auftr., S. 54f.
[67] Vgl. ebd., 4. Aufz., 1. Auftr., S. 66.
[68] Ebd., 1. Aufz., 6. Auftr., S. 21.

Marinelli hat keinen rigorosen Tugendbegriff, Frauen sind für ihn Ware. Seine eigenen Interessen, Macht und Reichtum, seine Stellung am Hof, in der oberen Gesellschaftsschicht zu leben, all das ist wichtiger als Glück und Liebe. Er hält nichts von den inneren Werten, sondern vielmehr von den äußeren Besitztümern. Marinelli ist heuchlerisch, er täuscht schamlos eine Freundschaft mit Appiani vor[69] und leugnet, er habe Appianis Mord geplant[70]. Er ist gefühlskalt, so geben die Regieanweisungen, die ihn betreffen, klare Vorgaben *„(noch kälter)"*[71] und weiter *„(höchst gleichgültig)"*[72]. Weiter im Gespräch mit dem Grafen Appiani sagt dieser: „Nach Massa freylich mag ich [Appiani; P.B.] mich heute nicht schicken lassen: aber zu einem Spaziergange mit Ihnen [Marinelli; P.B.] hab' ich Zeit übrig. – Kommen Sie, kommen Sie!"[73]. Indem Marinelli sich dem Duell mit Appiani entzieht, zeigt er sich als feige, er handelt nie auf eigenes Risiko.[74] Noch aufschlussreicher sind die Gespräche zwischen Marinelli und seinem Herrn, dem Prinzen. Hier nur ein kleiner Ausschnitt: „– Ich [Marinelli; P.B.] dachte so: entweder er [Appiani; P.B.] mich; oder ich ihn. Ich ihn; so ist das Feld ganz unser. Oder er mich: nun, wenn auch; so muß er fliehen, und der Prinz gewinnt wenigstens Zeit"[75]. Der Prinz daraufhin: „Das hätten Sie gethan, Marinelli?"[76] Damit erklärt sich der Kammerherr bereit, für den Prinzen sein Leben zu opfern. Da seine Hofkarriere vom Prinzen abhängig ist, unterwirft er sich ihm oder besser, tut er es so, als ob er dies täte. Er sagt dem Prinzen, was dieser hören will. Er kann nicht sagen, was er denkt. Er berät seinen Herrn, er lenkt ihn aber zugleich. Der Kammerherr ist also manipulativ und skrupellos. Er weiß die Rückendeckung durch den Prinzen zu erhalten, indem er seine Überredungskunst einsetzt und die Wünsche seines Herrn geschickt instrumentalisiert. Er plant alles selber, so fragt er den Prinzen: „Wollen Sie mir freye Hand lassen, Prinz?" Wollen Sie alles genehmigen, was ich thue?"[77]. Er nutzt die Mechanismen des höfischen Lebens, instrumentalisiert andere Menschen für seinen Machtzuwachs.

---

[69] Vgl. ebd., 3. Aufz., 8. Auftr., S. 62.
[70] Vgl. ebd., 4. Aufz., 1. Auftr., S. 66.
[71] Ebd., 4. Aufz., 1. Auftr., S. 67.
[72] Ebd.
[73] Ebd., 2. Aufz., 10. Auftr., S. 46.
[74] Vgl. ebd.
[75] Ebd., 3. Aufz., 1. Auftr., S. 48.
[76] Ebd., 3. Aufz., 1. Auftr., S. 49.
[77] Ebd., 1. Aufz., 6. Auftr., S. 22.

Zusammenfassend charakterisiert Lessing den Kammerherr Marinelli mit allen zeitgenössischen Merkmalen der Hofkritik: machtgierig, skrupellos, unmoralisch, intrigant, egoistisch. Er repräsentiert die Rationalität, die von den Empfindsamen verabscheut wird. Er wird als teuflischer Hofintrigant dargestellt, der sich verstellen kann, einer, der stets mit Taktik vorgeht. In Marinelli konzentriert sich schließlich alles Negative, also all das, was das aufsteigende Bürgertum am höfischen Leben verabscheute. Auch diese mit kritischen bis furchterregenden Charakterzügen charakterisierte Bühnenfigur, die Lessing in beinahe jedem Aufzug auftreten lässt, steht im Zeichen Kucklicks negativer Andrologie. Auch hier erfolgt Lessings Kritik an der Moderne, indem er auf die Motive der korrupten adligen Welt mit ihrem Opportunismus und ihrer Wertlosigkeit zurückgreift.

4.3 Odoardo

Durch die Darstellung der Familie Galotti stellt Lessing der höfischen Welt die bürgerliche Sphäre entgegen. Auch wenn Odoardo nicht der höfischen Welt zuzuordnen ist, fließen in diesen gemischten Charakter semantische Elemente mit ein, welche einer negativen Andrologie zuzuordnen sind. Odoardo lebt auf seinem Landgut bei Sabionetta und ist Oberst und Vater Emilias. Er verabscheut das Leben in der Stadt, in der sich der Hof befindet.[78] Er vertritt mit äußerster Rigorosität die bürgerlichen Ideale, beziehungsweise die Prinzipien der Tugend, der Redlichkeit und der Ehre. Frömmigkeit, Keuschheit, Unschuld, Respekt und Gewissenhaftigkeit sind seine Maximen. Der Prinz Hettore Gonzaga bezeichnet Odoardo als „bieder und gut!"[79]. Der Kammerherr Marinelli beschreibt ihn als anständigen Mann, der trotz der Entführung seines Kindes „ganz unterthänigst"[80] ist, und „in tiefster Unterwerfung"[81] handelt. Daraus kann geschlossen werden, dass sogar seine Gegner ihn als tugendhaft bezeichnen. Für ihn ist der Hof ein Ort des Lasters und der Unzucht, ein Ort voller Schmeichler und Kriecher.[82] Demzufolge ist er äußert misstrauisch gegenüber dem Hofleben und seiner Umgebung. Er meidet absichtlich die höfische Gesellschaft, die er generalisierend, ohne Ansehen der Person, als verdorben empfindet. Er ist misstrauisch gegenüber dem Prinzen, den er als "Wollüstling, der bewundert,

---

[78] Vgl. ebd., 2. Aufz., 4. Auftr., S. 31.
[79] Ebd., 1. Aufz., 4. Auftr., S. 12.
[80] Ebd., 5. Aufz., 1. Auftr., S. 88.
[81] Ebd.
[82] Vgl. ebd., 2. Aufz., 4. Auftr., S. 31.

begehrt"[83] bezeichnet. Er ist misstrauisch gegenüber dem Kammerherrn, sogar gegenüber seiner Frau Claudia und seiner Tochter Emilia.[84] Odoardo als Mann der rauen und strengen Tugend[85] wird übertrieben ängstlich, so dass ihm alles verdächtig und strafbar zu sein scheint. Er sieht beispielsweise in jedem unbewachten Schritt der Tochter bereits „genug zu einem Fehltritt'!"[86]. Als ehrenvoller Vertreter der bürgerlichen Ideale findet er nur im Grafen Appiani den idealen Ehemann für seine Emilia: „Alles entzückt mich an ihm. Und vor allem der Entschluß, in seinen väterlichen Thälern sich selbst zu leben"[87]. Neben seinem bürgerlichen Selbstbewusstsein und seinen tugendhaften Idealen wird Odoardo auch als zorniger Charakter dargestellt. „– Claudia! Claudia! der bloße Gedanke setzt mich in Wut"[88], sagt er, als er erfährt, dass der Prinz seine Tochter bei dem Kanzler Grimaldi gesehen hat. So unterbricht Claudia ihn beispielsweise mit den Worten: „Zürnen Sie nicht, mein Bester;"[89] Tugendhaftigkeit und Wut konstituieren also gleichermaßen Odoardos Bühnenfigur. Und weil er schnell misstrauisch und zornig werden kann, halten seine Lieben vor ihm möglichst alles und gerade das Schlimmste und Bedrohlichste geheim: „– Gott! Gott! wenn dein Vater das | wüßte! – Wie wild er schon war, als er nur hörte, daß der Prinz dich jüngst nicht ohne Mißfallen gesehen [hat; P.B.]!"[90]. Odoardos Zorn, der bis zum Hass wird, lässt ihn weder die Wertschätzung des Prinzen erkennen noch Menschen richtig einschätzen.

Zusammenfassend ist Odoardo ein tugendhafter, besorgter Vater. Er ist charakterisiert und determiniert einzig durch ethische Kategorien und durch einen ethischen Rigorismus. Er ist gegen den Hof schroff eingestellt, er kann jedoch dagegen nichts als seinen Eigensinn entgegensetzen. Seine tugendlichen Vorstellungen lassen sich nur durch Distanz vom Hof aufrechterhalten. Indem Lessing auch bei diesem Charakter Züge einer negativen Andrologie zeigt, hebt er das hervor, was an der bürgerlichen Familie in der Moderne noch nicht funktioniert. Das Idealbild der bürgerlichen Familie wird daher hier vorbereitet und reflektiert. So formuliert Lessing das Ideal der im Kapitel 2.2 erwähnten

---

[83] Ebd., 2. Aufz., 4. Auftr., S. 32.
[84] Vgl. ebd., 2. Aufz., 2. Auftr., S. 27.
[85] Vgl. ebd., 2. Aufz., 5. Auftr., S. 31ff.
[86] Ebd., 2. Aufz., 2. Auftr., S. 27.
[87] Ebd., 2. Aufz., 4. Auftr., S. 30.
[88] Ebd., 2. Aufz., 4. Auftr., S. 32.
[89] Ebd., 2. Aufz., 2. Auftr., S. 27.
[90] Ebd., 2. Aufz., 6. Auftr., S. 36f.

„wahren Sozialität" gegenüber der Entfremdung der modernen Gesellschaft. Odoardo ist ein empfindsamer Vater, jedoch ein unvollkommen empfindsamer Vater, der seine Affekte nicht im Griff hat, also, im Lessischen Sinne, ein Mensch, der noch viel besser werden kann.

4.4 Emilia

Als religiös erzogene junge Frau mit einer tugendhaften und frommen Haltung steht Emilia Galotti, die Hauptfigur dieses Bühnenstücks, kurz vor ihrer Hochzeit mit dem Grafen Appiani. Emilia verkörpert mit ihrer Schönheit, Unschuld und Ehrlichkeit das Natürliche, und damit entspricht sie den Forderungen der Moralischen Wochenschriften ab 1750, die das semantische Bild von Weiblichkeit über die Emotionalität definieren.

Entgegen der Auffassung der Gender Studies, die Aufklärer hätten die Frau in der Moderne als unterlegenes Wesen angesehen, belegen hier einige Aspekte genau das Gegenteil.

Wie bereits im Kapital 4.1 erklärt, definiert Lessing das Theater neu. Er begründet dies mit Odoardos Worten: „Sie [Odoardo zu dem Prinzen; P.B.] erwarten vielleicht, daß ich den Stahl wider mich selber kehren werde, um meine That wie eine schaale Tragödie zu beschließen?"[91]. Die Tragödie ist für Lessing *schal*. Indem Lessing sich in *Emilia Galotti* vom herkömmlichen Verlauf des Dramas mit dem traditionell tragischen Helden absetzt, also der Böse nicht, wie sonst erwartet, stirbt, verzichtet er auf die poetische Gerechtigkeit. Nur dadurch kann das Unrecht, also hier die männliche Macht und Gewalt am weiblichen Geschlecht, stets erneut angeklagt werden.

Die bis hier untersuchten männlichen Bühnenfiguren weisen kritische bis furchterregende Züge auf, die allesamt die schlechte Äußerlichkeit der modernen Gesellschaft verkörpern. Komplementär dazu wird der private, intime Raum der bürgerlichen Familie zum Symbol der guten Innerlichkeit, der Interaktion, in der wahre Sozialität erfahren werden kann. Der Frau wird dabei als Ausgleich zur schlechten Männlichkeit moralische Überlegenheit bescheinigt und sie wird sogar idealisiert, wie hier im Folgenden ausführlich dargelegt wird.

Das deutsche Wort *Opfer* vereint in sich zwei differenzierte Phänomene: das geopferte Lebewesen, also, die Opfergabe und die rituelle Opferhandlung. Für

---

[91] Ebd., 5. Aufz., 8. Auftr., S. 104.

diese haben die englische sowie die romanischen Sprachen im Gegensatz zur deutschen Sprache jeweils einen Begriff.[92] Das deutsche Wort *Opfer* leitet sich etymologisch vom Lateinischen *operari* her und in diesem Sinne steht es nicht nur für eine religiöse Handlung, sondern für „handeln"[93] schlechthin. Die damit hängenden Bedeutungsvarianten *victima* und *sacrificium* müssen daher erstmal einzeln beleuchtet werden, um sie dann zusammen zu betrachten, denn hierin zeigt sich die dramatische Wirkung Lessings.

Die Titelfigur Emilia fällt dem tragischen Konflikt zwischen dem Hof als Schauplatz von Intrige und Verführung und der empfindsamen Familienidee zum Opfer. Emilias Mutter spricht bereits im zweiten Aufzug die stellvertretende Rolle des Opfers an, als sie Emilia als „unschuldigen Gegenstand des Verbrechens"[94] bezeichnet. Mit ihrem Leiden zeigt sich Emilia als *victima*, als geopfertes Lebewesen, als wehrloses Opfer männlicher Macht und Gewalt. So sagt Emilia, als der Konflikt sich bereits zugespitzt hat: „Ich will doch sehn, wer mich hält – wer mich zwingt, – wer der Mensch ist, der einen Menschen zwingen kann"[95].

Erst mit ihrem Tod wird Emilia zum Opfer im Sinne von *sacrificium*. Religionswissenschaftlich ist darunter die „irreversible Zerstörung der Opfermaterie"[96] zu verstehen, in der sich die heilige Opferhandlung vollzieht.[97] Erst hier gelangt das wehrlose Opfer zur Macht. Erst hier wird semantisches Kapital freigesetzt, indem Emilia wie eine Heilige und Märtyrerin idealisiert wird. Emilia markiert den Moment, in dem sie zu einer Märtyrerin wird, und zwar im fünften Aufzug, als sie sagt: „Nichts Schlimmers zu vermeiden, sprangen Tausende in die Fluthen, und sind Heilige! – Geben Sie mir, mein Vater, geben Sie mir diesen Dolch"[98]. Lessing spielt hier auf die Märtyrerinnen, die sich ‚in der

---

[92] Engl. *victim*, franz. *victime*, span. *victima*, ital. *vittima* bezeichnet das geopferte Lebewesen, die Opfergabe während engl./franz. *sacrifice*, ital./span. *sacrificio* bezeichnet die rituelle Opferhandlung. Vgl. Philippe Borgeaud: Opfer. In: Handwörterbuch für Theologie und Religionswissenschaft. Religion in Geschichte und Gegenwart. Religionswissenschaftlich (Bd. 6 N-Q). Hrsg. von Hans Dieter Betz u.a. 4., völlig neu bearbeitete Auflage. Tübingen: Mohr 2003, S. 570-572, hier S. 572.
[93] Gestrich: Opfer. In: Handwörterbuch für Theologie und Religionswissenschaft, S. 584.
[94] Lessing: Emilia Galotti, 2. Aufz., 6. Auftr., S. 35f.
[95] Ebd., 5. Aufz., 7. Auftr., S. 100.
[96] Borgeaud: Opfer. In: Handwörterbuch für Theologie und Religionswissenschaft, S. 571.
[97] Etymologisch verweist das Wort *sacrifice* dabei auf eine Handlung, in der das geopferte Objekt „heilig gemacht" wird (lat. *sacrum facere*), vgl. ebd., S. 570;
[98] Lessing: Emilia Galotti, 5. Aufz., 7. Auftr., S. 102.

Verfolgungszeit um den Nachstellern ihrer Keuschheit zu entgehen'[99] in die Fluten stürzten. Durch Emilias Todesbegehren, wodurch sie als Opfer im Sinne von *sacrificium* steht, erhält sie ein zweites Leben.[100] Ihr Freitod bedeutet die Wiederauferstehung ihrer Weiblichkeit. Erst durch ihren Tod wird sie für die Sache gegen die negative Männlichkeit der Moderne idealisiert. Der Kulturtheoretiker und Religionsphilosoph René Girard hat hierzu in seinen zwei Werken *Das Heilige und die Gewalt*[101] und *Der Sündenbock*[102] erklärt, wie das Opfer als Sündenbock zu verstehen ist und wie der Sündenbock-Mechanismus funktioniert. In Zeiten der existentiellen Krise einer Gesellschaft suchen sich deren Mitglieder immer ein Opfer, ein unschuldiges Wesen aus. Auf das Opfer wälzt die Gemeinschaft ihr Übel ab. Das ist übrigens, so Girard, etwas, was im Laufe der Menschengeschichte verhindert hat, dass Rivalität oder Gewaltexzesse eine Gesellschaft in den Untergang geführt haben. Ist der Sündenbock gefunden, bestraft und geopfert, fühlt sich die Gesellschaft von dem Übel befreit. In dieser Hinsicht haben sowohl das Opfer als auch der Opferkult eine soziale Funktion.[103] Sie dienen nämlich dazu, die Gesellschaft zu regenerieren beziehungsweise die soziale Verbindung wiederherzustellen.[104] So findet die Gesellschaft auf Kosten des Opfers zu neuer Einstimmigkeit, Solidarität und zum Frieden. In diesem Sinne ist auch Emilia als Opfer beziehungsweise als Sündenbock zu deuten, ein unschuldiges Wesen, welches sich hier für die negative Männlichkeit und deren Übel opfert. Die Todesart des *noble death*[105] lässt Emilia als Opfer im Sinne von *sacrificium* zum Symbol werden, wodurch die männliche Gewalt angeklagt wird. In diesem Sinne ist anzunehmen, dass Lessing durch die Figur Emilias eine Aufwertung des Weiblichen zum Ziel hat. Dies steht wiederum im Einklang mit dem, was Kucklicks Studie belegt, nämlich, dass die Moderne eine positive Semantik von Weiblichkeit als Ausgleich zur schlechten Männlichkeit kultivierte.

---

[99] Es handelt sich dabei um ein entstelltes Zitat aus Augustinus' *Gottesstaat*. Sigrid Weigel: Märtyrer-Porträts. Von Opfertod, Blutzeugen und heiligen Kriegern. Hrsg. von Sigrid Weigel. München: Fink 2007, S. 59-64, hier S. 61.
[100] Vgl. Lessing: Emilia Galotti, 5. Aufz., 7. Auftr., S. 102ff.
[101] René Girard: Das Heilige und die Gewalt. Aus dem Französischen von Elisabeth Mainberger-Ruh. Zürich: Benziger 1987.
[102] René Girard: Der Sündenbock. Aus dem Französischen von Elisabeth Mainberger-Ruh. Zürich/Düsseldorf: Benziger 1998.
[103] Vgl. Alfred Marx: Opfer. In: Handwörterbuch für Theologie und Religionswissenschaft. Religion in Geschichte und Gegenwart. Religionsgeschichtlich. Alter Orient und Altes Testament (Bd. 6 N-Q). Hrsg. von Hans Dieter Betz u.a. 4., völlig neu bearbeitete Auflage. Tübingen: Mohr 2003, S. 573-576, hier S. 576.
[104] Vgl. Borgeaud: Opfer. In: Handwörterbuch für Theologie und Religionswissenschaft, S. 570.
[105] Weigel: Emilia Galotti, S. 61.

5. Fazit

Diese Hausarbeit hat gezeigt, dass die Fragestellung bejaht werden kann: Das bürgerliche Trauerspiel *Emilia Galotti* kann als Spiegel der zeitgenössischen Geschlechtersemantik gedeutet werden. Darin finden sich Bilder und Vorstellungen, in denen die Moderne ihr Bild des männlichen und weiblichen Geschlechts zum Ausdruck brachte. Die am Hof lebenden Bühnenfiguren sowie der bürgerliche Familienvater Odoardo weisen semantisches Kapital auf, welches im Laufe dieses bürgerlichen Trauerspiels schrittweise freigesetzt wird.

Diese Arbeit hat aber auch gezeigt, und damit beziehe ich mich auf den zweiten Teil der Fragestellung, was Kucklick in seiner Studie belegt: In der Moderne bildete sich parallel zur weiblichen Anthropologie eine negative Andrologie heraus, die eine radikale Abwertung von Männlichkeit zur Folge hatte und eine Idealisierung des Weiblichen bedingte.

Unter diesem Licht ist auch Lessings bürgerliches Trauerspiel zu lesen. Lessings Kritik an der Moderne erfolgt in diesem Bühnenstück anhand literarischer Mittel, durch Motive und Topoi, die in der literarischen Hofkritik längst etabliert waren. Einseitigkeit, Egoismus, Wertlosigkeit, Verstellung am Hof stehen stellvertretend für die problematischen Aspekte und Züge der modernen Gesellschaft beziehungsweise deren Akteuren. Der Hof verkörpert somit die schlechte Äußerlichkeit der modernen Gesellschaft und wird in der adligen Männlichkeit des Hofes repräsentiert.

In diesem Sinne sind Kucklicks Worte „Das Unbehagen an der Moderne wurde zum Unbehagen am Mann und umgekehrt"[106] zu verstehen. Der Mann wurde somit zum Symbol des Negativen an der Gesellschaft und die Frau als Ausgleich zum Symbol des Guten daran. Lessing äußert sich in diesem Punkt klar: „ – Ich [Odoardo; P.B.] hab' es immer gesagt: das Weib wollte die Natur zu ihrem Meisterstücke machen. Aber sie vergriff sich im Thone; sie nahm ihn zu fein. Sonst ist alles besser an Euch [Frauen; P.B.] , als an Uns [Männern; P.B.]".[107]

---

[106] Kucklick: Das unmoralische Geschlcet, S. 15.
[107] Lessing: Emilia Galotti, 5 Aufz., 7. Auftr., S. 101.

6. Literaturverzeichnis

Primärliteratur

LESSING, Gotthold Ephraim: Emilia Galotti. Ein Trauerspiel in fünf Aufzügen. Stuttgart: Reclam 2014 (Studienausgabe).

Forschungsliteratur

BORGEAUD, Philippe: Opfer. In: Handwörterbuch für Theologie und Religionswissenschaft. Religion in Geschichte und Gegenwart. Religionswissenschaftlich (Bd. 6 N-Q). Hrsg. von Hans Dieter Betz / Don S. Browning / Bernd Janowski / Eberhard Jüngel. 4., völlig neu bearbeitete Auflage. Tübingen: Mohr 2003, S. 570-572.

BRANDES, Helga: Der Wandel des Frauenbildes in den deutschen Moralischen Wochenschriften. Vom aufgeklärten Frauenzimmer zur schönen Weiblichkeit. In: Zwischen Aufklärung und Restauration. Sozialer Wandel in der deutschen Literatur (1700-1848). Festschrift für Wolfgang Martens zum 65. Geburtstag. Unter Mitwirkung von Ernst Fischer und Klaus Heydemann. Hrsg. von Wolfgang Frühwald / Alberto Martino. Tübingen: Niemeyer 1989 (= Studien und Texte zur Sozialgeschichte der Literatur, Bd. 24).

BROKMANN-NOOREN, Christiane: Weibliche Bildung im 18. Jahrhundert. „Gelehrte Frauenzimmer" und „gefällige Gattin". Bibliothek und Informationssystem der Carl von Ossietzky Universität: Oldenburg 1994 (=Beiträge zur Sozialgeschichte der Erziehung, Bd. 2).

FICK, Monika: Lessing Handbuch. Leben – Werk – Wirkung. 4. aktualisierte und erweiterte Auflage. Stuttgart: Metzler 2016.

GESTRICH, Christof: Opfer. In: Handwörterbuch für Theologie und Religionswissenschaft. Religion in Geschichte und Gegenwart. Religionsphilosophisch (Bd. 6 N-Q). Hrsg. von Hans Dieter Betz / Don S. Browning / Bernd Janowski / Eberhard Jüngel. 4., völlig neu bearbeitete Auflage. Tübingen: Mohr 2003, S. 583-585.

GIRARD, René: Das Heilige und die Gewalt. Aus dem Französischen von Elisabeth Mainberger-Ruh. Zürich: Benziger 1987.

GIRARD, René: Der Sündenbock. Aus dem Französischen von Elisabeth Mainberger-Ruh. Zürich/Düsseldorf: Benziger 1998.

KAISER, Gerhard: Aufklärung Empfindsamkeit Sturm und Drang. Mit einer Vorrede: Der Germanist in eigener Sache. Tübingen und Basel: Narr Francke Attempto. 6. erweiterte Auflage 2007 (erstmals 1976).

KUCKLICK, Christoph: Das unmoralische Geschlecht. Zur Geburt der Negativen Andrologie. 2. Auflage. Frankfurt am Main: Suhrkamp 2008.

MARX, Alfred: Opfer. In: Handwörterbuch für Theologie und Religionswissenschaft. Religion in Geschichte und Gegenwart. Religionsgeschichtlich. Alter Orient und Altes Testament (Bd. 6 N-Q). Hrsg. von Hans Dieter Betz / Don S. Browning / Bernd Janowski / Eberhard Jüngel. 4., völlig neu bearbeitete Auflage. Tübingen: Mohr 2003, S. 573-576.

PIKULIK, Lothar: „Bürgerliches Trauerspiel und Empfindsamkeit". Köln: Böhlau 1966.

WEIGEL, Sigrid: Emilia Galotti – Opfer, Säkularisierung und tragisches Subjekt. In: Märtyrer-Porträts von Opfertod, Blutzeugen und heiligen Kriegern. Hrsg. Sigrid Weigel. München: Fink 2007, S. 59-64.

WOSGIEN, Gerlinde Anna: Literarische Frauenbilder von Lessing bis zum Sturm und Drang. Ihre Entwicklung unter dem Einfluss Rousseaus. Frankfurt am Main: Lang 1999 (=Münchener Studien zur literarischen Kultur in Deutschland, Bd. 30).